Mensch und Natur

Gespräch mit
Sri Mata Amritanandamayi
über Umweltprobleme

Mata Amritanandamayi Center, San Ramon
Kalifornien, Vereinigte Staaten

Mensch und Natur
Amma beantwortet Fragen über Umweltprobleme

Herausgegeben von:
Mata Amritanandamayi Center
P.O. Box 613
San Ramon, CA 94583
Vereinigte Staaten

———— *Man and Nature (German)* ————

Copyright © 1995 Mata Amritanandamayi Mission Trust, Amritapuri, Kerala 690546, Indien

Alle Rechte vorbehalten. Kein Teil dieses Buches darf ohne Erlaubnis des Herausgebers, außer für Kurzbesprechungen, reproduziert oder gespeichert werden oder in sonstiger Form – elektronisch oder mechanisch - fotokopiert oder aufgenommen werden. Die Übertragung ist in keiner Form und mit keinem Mittel erlaubt.

Erstausgabe vom MA Center: September 2016

In Deutschland: www.amma.de

In der Schweiz: www.amma-schweiz.ch

In Indien:
inform@amritapuri.org
www.amritapuri.org

Vorwort

Das Leben lehrt uns, daß Erfahrung die beste Form der Erziehung ist. Wahre Lehrer sind diejenigen, welche das Wissen erwecken, das in uns drinnen existiert, und die uns daran erinnern, daß Wissen zu haben und nichts damit anzufangen das gleiche ist, wie nicht zu wissen. Die unnachahmliche Art, in der Amma unser Wissen in Handeln verwandelt, geschieht, indem Sie uns daran erinnert: "Religion ist dazu da, gelebt zu werden."

Religion ist ein Versuch, falsche Wahrnehmungen des Ego auszulöschen und das Gefühl der Zweiheit, diese künstliche Unterscheidung zwischen dem Ego und allem anderen, aus unseren Leben zu verbannen. Dasselbe Gefühl von Ego, welches Mitgefühl für andere menschliche Wesen verhindert, weil wir uns fälschlicherweise von ihnen getrennt erleben, bewirkt auch, daß wir die Umwelt zerstören, weil wir nicht erkennen, daß wir ein Teil davon sind. Die meisten Menschen handeln immer noch so, als ob die Umwelt ein Platz wäre, weit weg in Wäldern oder Bergen, und nicht der Ort, an dem wir leben, und nicht die Lebewesen, die wir sind. Amma sagt:

Mensch und Natur

"Die Existenz Gottes verneinen heißt, die eigene Existenz verneinen." Dasselbe gilt für die Natur, die Gott in sichtbarer Form ist. Obwohl viele Leute glauben, der Mensch sei zur Eroberung der Natur bestimmt, sind wir bei diesen Versuchen zu unserem schlimmsten Feind geworden. Wir sind Teil der Natur. Ihre Fähigkeit unaufhörlich zu schützen und zu nähren hängt davon ab, ob wir das Gleichgewicht in unserer Beziehung zur Erde mit all ihren Kreaturen wiederherstellen können.

Ammas Worte sind ein Aufruf, die friedvolle Selbstlosigkeit zu entdecken, die in uns allen schlummert. Auch die Natur ruft. Aber ihre Schreie sind schrill geworden, weil der Mensch zunehmend die Regenerationsfähigkeit der Erde zerstört. Ein Teil der Natur zu sein, bedeutet, daß wir selber die Umgebung sind. Wir müssen erkennen lernen, daß die Bedürfnisse der Erde genau die gleichen sind wie die unsrigen.

Ammas Gespräch über die Natur und unsere Rolle auf diesem Planeten ist nichts hinzuzufügen. Es überrascht auch kaum, wenn die Unteilbarkeit von Gott und Natur angenommen wird, denn sie sind wahrhaftig ein und dasselbe. Natur zu verleugnen schränkt unseren Geist und unsere Fähigkeit zur Freiheit ein. Dieselbe Stille, die wir in

Vorwort

uns drinnen suchen, ist auch die Stille, die immer noch Wälder, Meere und Bergspitzen durchwebt. Dieselbe Konzentration und Anstrengung, die wir machen, um unseren inneren Aufruhr zu beruhigen und Frieden zu finden, müssen wir auch einsetzen, um den Schaden gutzumachen, den wir der Natur zufügen.

Dienst für die Natur und ihre Kreaturen ist nicht weniger ein Dienst für Gott als jede andere Form von Dienst. Erneuern wir unseren Glauben an den Dienst für die Erde!

– Sam La Budde
Direktor des Projektes "Bedrohte Arten"
Earth Island Institut, San Francisco CA

Inhalt

Wie ist die Beziehung zwischen dem Menschen und der Natur? 9

Welche Rolle spielt die Religion in der Beziehung zwischen Mensch und Natur? 12

Was verursachte den Bruch in der Beziehung von Natur und Mensch? 23

Wie kann die im Namen der Religion vollzogene Opferung von Tieren gerechtfertigt werden? 27

Ist nicht die moderne Wissenschaft, die Naturphänomene erklären kann, einer Religion vorzuziehen, die im Menschen Furcht (vor Gott) erzeugt? 30

Was sind yagnas (spirituelle Opferhandlungen) und was bewirken sie in unserem modernen Zeitalter? 44

Warum bleibt Indien trotz der spirituellen Bedeutung, die es bisher hatte, ein armes Land. Ist Spiritualität ein Hindernis für materiellen Wohlstand? 52

Wie ernst sind die Probleme im Bereich der Umwelt? 56

Wird der Mensch zu einer Bedrohung für den Weiterbestand des Lebens auf dieser Erde? 63

Ist es nötig, die menschlichen Bedürfnisse wichtiger zu nehmen als diejenigen der Natur? 68

Welche Maßnahmen können in der Gesellschaft
getroffen werden, um die Vernichtung von Natur
und Tieren zu verhindern? 70

Braucht die Erde unbedingt Wälder? 72

Was haben spirituelle Praktiken (sadhana) und
Naturschutz gemeinsam? 73

Ist es ratsam, sich an geistige Meister zu wenden,
ohne zu versuchen, die bestehenden Probleme selbst
zu lösen? 78

Mensch und Natur

Ammas Äußerungen und Antworten zu Umweltfragen auf Grund eines Interviews mit Sam La Budde, einem führenden Umweltspezialisten der USA

Wie ist die Beziehung zwischen dem Menschen und der Natur?

Amma: Kinder, der Mensch unterscheidet sich nicht von der Natur; er ist Teil der Natur. Die bloße Existenz des menschlichen Wesens auf der Erde hängt von der Natur ab. In Wahrheit sind nicht wir es, die die Natur beschützen - es ist die Natur, die uns beschützt. Zum Beispiel sind Bäume und Pflanzen unbedingt nötig zur Reinigung der Vitalenergie (Lebenskraft). Jeder weiß, daß kein Mensch in der Wüste leben kann. Der Grund dafür liegt darin, daß es dort keine Bäume gibt, um die Lebensenergie zu reinigen. Findet die Reinigung der Atmosphäre nicht statt, so verschlechtert sich die Gesundheit des Menschen. Eine kürzere Lebensspanne, verschiedene Krankheiten und schwache Sehkraft oder gar Blindheit sind die Folge. Unser Leben hängt völlig von der Natur ab; selbst eine kleine Veränderung in der Natur wirkt sich auf unser Leben auf diesem Planeten aus. Des Menschen Gedanken und Handlungen üben gleichfalls einen Einfluß auf die Natur aus.

Die Eigenschaft, die den Menschen mit der Natur verbindet, ist die ihm angeborene Unschuld. Wenn wir einen Regenbogen oder

Amma beantwortet Fragen über Umweltprobleme

die Wellen des Ozeans sehen, spüren wir dann immer noch die unschuldige Freude eines Kindes? Ein Erwachsener, der einen Regenbogen als bloße Lichtwellen erfährt, wird die Freude und die Bewunderung des Kindes nicht empfinden, das einen Regenbogen sieht oder die Wellen des Ozeans betrachtet.

Der Glaube an Gott ist der beste Weg, diese kindliche Unschuld im Menschen zu bewahren. Wer an Gott glaubt und Ihm hingegeben ist, was wiederum seiner angeborenen Unschuld entspringt, sieht Gott in allem, in jedem Baum, jedem Tier, in jedem Aspekt der Natur. Durch diese Haltung vermag er in vollkommener Harmonie, im Einklang mit der Natur zu leben. Der nie endende Strom von Liebe, der sich von einem wahren Gläubigen in die gesamte Schöpfung ergießt, wirkt sich sanft und beruhigend auf die Natur aus. Diese Liebe ist der beste Naturschutz.

Erst wenn unsere Selbstsucht wächst, beginnen wir, unsere Unschuld zu verlieren. Wenn dies geschieht, entfremdet sich der Mensch von der Natur und fängt an, sie auszubeuten. Der Mensch ahnt nicht, welch schreckliche Bedrohung er für sie geworden ist. Indem er der Natur schadet, bahnt er den Weg zur eigenen Vernichtung.

Während der Intellekt des Menschen und seine wissenschaftlichen Kenntnisse wachsen, sollte er die Gefühle des Herzens nicht vergessen, die es ihm möglich machen, in Eintracht mit der Natur und ihren Grundgesetzen zu leben.

Welche Rolle spielt die Religion in der Beziehung zwischen Mensch und Natur?

Amma: Die Religion ist es, die dem Menschen hilft, sich seiner Verbindung mit der Natur bewußt zu bleiben. Ohne die Religion verliert die Menschheit dieses Bewußtsein. Die Religion lehrt uns, die Natur zu lieben. Fortschritt und Wohlstand der Menschheit hängen ausschließlich von Guten ab, das der Mensch für die Natur tut. Die Religion trägt dazu bei, harmonische Beziehungen zwischen den Individuen und der Gesellschaft und zwischen Mensch und Natur aufrechtzuerhalten.

Das Verhältnis zwischen dem Menschen und der Natur gleicht der Beziehung zwischen Pindanda (dem Mikrokosmos) und Brahmanda (dem Makrokosmos). Unsere großen Vorfahren hatten es begriffen und maßen darum der Anbetung der Natur in den religiösen Praktiken so viel Bedeutung bei. Der Zweck aller religiösen acharam

(Praktiken) besteht darin, eine enge Verbindung zwischen dem Menschen und der Natur zu schaffen. Dadurch sorgten diese Praktiken sowohl für das Gleichgewicht der Natur als auch für den Fortschritt der menschlichen Rasse. Betrachten Sie einen Baum. Er spendet sogar demjenigen Menschen Schatten, der ihn fällt. Seine süßen, köstlichen Früchte gibt er dem Menschen, der ihm schadet. Ganz anders ist jedoch unser Verhalten. Wenn wir einen Baum pflanzen oder ein Tier züchten, denken wir nur an den Profit, den wir daraus ziehen werden. Bringt das Tier keinen Gewinn mehr, so lassen wir es unverzüglich umbringen. Sobald die Kuh keine Milch mehr gibt, verkaufen wir sie dem Metzger, um Geld zu erhalten. Trägt ein Baum keine Früchte mehr, so fällen wir ihn und stellen Möbel oder anderes daraus her. Selbstsucht herrscht überall. Nirgends ist selbstlose Liebe zu finden. Unsere Vorfahren waren jedoch ganz anders. Sie wußten, daß Bäume, Pflanzen und Tiere zum Wohl der Menschen unerläßlich sind. Sie sahen voraus, daß der Mensch, von Selbstsucht befallen, die Natur vergessen und keine Rücksicht auf sie nehmen würde. Sie wußten auch, daß die künftigen Generationen wegen dieser Trennung von der Natur leiden würden. Daher verbanden sie jeden religiösen Ritus mit der Natur. Durch religiöse Prinzipien gelang es ihnen, ein gefühlsmäßiges Band zwischen dem Menschen und der Natur zu knüpfen. Der Banyan- und der Bilva-Baum (Holzapfel) sowie die Tulasi-Pflanze (Basilikum) wurden von unseren Ahnen nicht deswegen geliebt und angebetet, weil sie Früchte trugen und ihnen zu einem Gewinn verhalfen, sondern weil sie um die Einheit von Mensch und Natur wußten.

Religion lehrt den Menschen, die ganze Schöpfung zu lieben. Manche Leute verspotten Religion und behaupten, es handle sich um blinden Glauben. Es ist jedoch eine Tatsache, daß diese Leute der Natur mit ihren Handlungen mehr Schaden zufügen als diejenigen, die glauben. Es sind die religiös gesinnten Menschen, nicht die sogenannten Intellektuellen, welche die Natur schützen, bewahren und lieben. Manche Leute zitieren moderne wissenschaftliche Theorien und versuchen dabei unaufhörlich zu beweisen, daß alle religiösen Lehren falsch sind. Wahr ist, daß die Ehrfurcht und Hingabe, welche die Menschen durch ihren religiösen Glauben entwickeln, sowohl der Menschheit als auch der Natur stets zugute kommen.

Amma beantwortet Fragen über Umweltprobleme

Die Religion lehrt uns, Gott auch in der Natur zu verehren. Durch die Geschichten aus Sri Krishnas leben sind die Tulasi-Pflanze und die Kühe dem indischen Volk heilig geworden. Liebevoll werden sie beschützt und versorgt. In alten Zeiten gehörten in Indien zu jeder Wohnstätte ein Teich und ein Hain. Und in jedem Vorhof stand eine Tulasi-Pflanze. Ihre Blätter besitzen große Heilkraft. Sie verwesen nicht. Selbst wenn man sie pflückt und mehrere Tage aufbewahrt, bleibt die Heilkraft erhalten. Damals gehörte es zur täglichen Praxis, die Tulasi-Pflanze am Morgen zu gießen und sich dabei mit Ehrfurcht und Hingabe vor ihr zu verneigen, da sie als Verkörperung der Göttin betrachtet wurde. Dies war die traditionelle Art der Inder, auch anderen Gewächsen wie dem Banyan-, Bilva- und Feigenbaum ihre Ehrfurcht zu erweisen und sie anzubeten. Die medizinische Wirkung der Tulasi-Blätter, die den alten rishis seit Jahrtausenden bekannt war, ist durch moderne, wissenschaftliche Experimente bewiesen worden. Die Frage stellt sich aber, ob die Wissenschaftler, welche die Heilkraft der Tulasi- und anderer heiliger Pflanzen wiederentdeckt haben, der Natur dieselbe Liebe und Ehrfurcht entgegenbringen wie unsere Ahnen, die durch ihren religiösen Glauben

Mensch und Natur

dazu bewogen wurden. Ist es nicht der Glaube in der Religion, der zum Schutz und zur Bewahrung der Natur mehr beiträgt als das Wissen, das durch die moderne Wissenschaft gewonnen wird? Besser als dieses vermag das tiefere Verständnis der Religion - das Wissen um die Einheit der ganzen Schöpfung - den Menschen die Liebe zur Natur zu lehren, weil sie Ehrfurcht und Hingabe entwickelt Die Liebe, von der die Religion spricht, kann von einem nüchternen Verstand nicht begriffen werden. Sie entspringt dem Herzen. Nur wer einen subtilen, durch Glauben verfeinerten Geist besitzt, kann sie verspüren.

Wenn es im Dorf einen Polizisten gibt, wird weniger gestohlen, weil die Leute sich vor ihm fürchten. Gleichfalls tragen Ehrfurcht und Hingabe zu Gott dazu bei, in der Gesellschaft das dharma, das richtige Verhalten, aufrechtzuerhalten. Indem sie sich die Prinzipien der Religion zu eigen machen und sich an die verschiedenen Bräuche halten, können es die Menschen vermeiden, Fehler zu begehen.

Die Leute, die behaupten, daß Religion eine Zusammensetzung blinder Glaubensartikel ist, nehmen sich keine Zeit dafür, die wissenschaftlichen Prinzipien, welche hinter den religiösen

Amma beantwortet Fragen über Umweltprobleme

Praktiken stecken, zu durchdenken und zu begreifen. Die moderne Wissenschaft kann Regen erzeugen, indem die Wolken mit Silberjodid besprüht werden. Das Wasser, das von solch künstlich verursachtem Regen kommt, mag jedoch nicht dieselbe Reinheit aufweisen. Andererseits sind in den alten Texten gewisse rituelle Opfer beschrieben, welche Regen bringen. Die Weisen wissen, daß dieses Regenwasser unvergleichlich reiner ist als solches, das mit künstlichen Methoden gewonnen wird.

Das Opfern von vorgeschriebenen Ingredienzen ins rituelle Feuer kann dem Menschen und der Natur sehr günstige Veränderungen bringen. Solche Rituale und Opfer tragen dazu bei, Gleichgewicht und Harmonie wiederherzustellen, welche die Natur verloren hat. Genau wie ayurvedische Kräuter und Pflanzen physische Krankheiten heilen, läutert der Rauch, der beim Opfern von heilenden Ingredienzen entsteht, die ganze Atmosphäre. Auch das Verbrennen von Weihrauch, das Anzünden von Öllampen und das Opfern von reiner Nahrung im rituellen Feuer oder auf einem Altar helfen, die Atmosphäre zu reinigen. Diese Rituale haben keine umweltschädigenden Seitenwirkungen wie Chlor oder andere

Desinfektionsmittel, die man zur Wasserreinigung und zur Zerstörung von Keimen verwendet. Der Rauch, der aus dem Opferfeuer steigt, reinigt und befreit auch die Atemwege, indem er Schleim und Sekret beseitigt.

Die moderne Wissenschaft erkannte, daß es schädlich ist, während einer Sonnenfinsternis die Sonne unmittelbar zu betrachten. Die gleiche Warnung wurde vor Äonen von den alten rishis gegeben. Sie gebrauchten eine einfache, doch wirksame Methode, indem sie nur die Widerspiegelung der Sonne in Wasser betrachteten, in dem Kuhmist aufgelöst worden war.

Indem wir wilde Tiere und Haustiere, sowie Bäume und Pflanzen schützen und erhalten, schützen wir und erhalten wir die Natur. Die Alten beteten die Kuh und die Erde an. Sie gehörten zu den fünf Müttern (pancha mata). Die fünf Mütter waren: dehamata, die biologische Mutter; bhumata, Mutter Erde; vedamata, die Veden und gomata, die Kuh. Für unsere Ahnen war die Kuh nicht nur ein vierbeiniges Wesen, sondern ein Tier, das als eine Form der Mutter, der Göttin, angebetet wurde. Keine Religion vermag ohne Assoziation mit der Natur zu bestehen. Die Religion ist das Band, das die Menschheit mit der

Amma beantwortet Fragen über Umweltprobleme

Natur verbindet. Die Religion zerstört das Ego des Menschen, was ihm ermöglicht, seine Einheit mit der Natur zu erkennen und zu erfahren.

Unsere Vorfahren wurden gelehrt, Schlangen als devatas (Halbgötter) zu verehren. Wie ist das heutzutage? Wenn wir eine Schlange sehen, werfen wir Steine nach ihr, bis sie tot ist. Wir werden nicht zur Ruhe kommen, bis wir nicht alle Wälder gerodet haben, um mit dem Holz viel Geld zu machen. Wenn die Selbstsucht des Menschen zunimmt, wird er sich nicht länger um das Leid anderer kümmern. Wer macht sich heutzutage Sorgen darüber, ob das Vieh gefüttert und die Pflanzen gewässert wurden? Und wer kümmert sich um eine notleidende Nachbarsfamilie?

Früher wurden beim Einsetzen der Abenddämmerung die heiligen Namen Gottes als Gruppengesang rezitiert. Das brachte Friede und Einheit in die Familien. Ihre konzentrierten Gebete, das hingebungsvolle Singen, der Rauch der Oellampen und der Duft der Heilpflanzen, den der Wind von den Hügeln über die Wohngebiete trug, reinigten die Atmosphäre. Unsere Vorfahren nahmen sich Zeit, setzten sich ruhig hin, um Gott zu verehren, auch wenn sie sehr viel Arbeit zu verrichten hatten. Damit vermieden sie Hektik

Mensch und Natur

und seelische Verspannungen. Sie schliefen tief und konnten alle Lebensumstände mit lächelndem Gesicht meistern.

Heutzutage ist in unserem Haus eventuell noch ein Heiligenbild mit einer Lampe davor zu sehen. Frühmorgens, mittags und in der Abenddämmerung läuft der Fernseher. Natürlich sind nicht alle Programme schlecht, aber die meisten verderben unser Gemüt und tragen dazu bei, daß Habgier, Neid und Haß in uns geschürt werden. Die Leute möchten in einem Luxushaus leben, wie sie es im Fernsehen sahen; Frauen möchten modisch gekleidet sein wie die Filmschauspielerinnen und Männer möchten das gleiche Automodell fahren wie der Held im Unterhaltungsfilm. Ist dies nicht erreichbar, so sind Frustration und Unzufriedenheit die natürliche Folge. Die Leute vergessen, daß die Welt der Filme eine Phantasiewelt ist. Kinder, die zu viele Fernsehprogramme sehen, fangen an zu stehlen, scheuen nicht vor einem Mord zurück und respektieren keinerlei Autorität. Die Völker, die vor langer Zeit ein Leben nach religiösen Gesichtspunkten lebten, waren anders. Was ihre Kinder als erstes lernten war, daß Mutter und Vater wie Gott sind. In solchen Kulturen wurden Eltern und Erwachsene respektiert und es wurde ihnen gehorcht. Ihrem Beispiel folgend lernten die Kinder die Natur zu lieben und im Einklang mit ihr zu leben. Es wurde für sie zu einer natürlichen Gewohnheit, dem Jasminstrauch Wasser zu geben, den Kühen Gras zu füttern und in der Dämmerung die Oellampe anzuzünden.

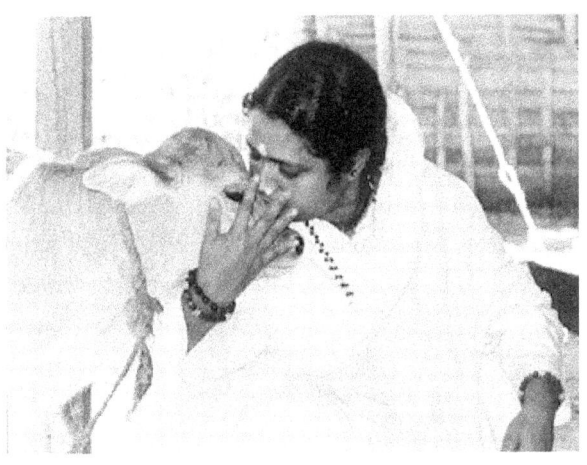

Menschen, die sich als intellektuell bezeichnen, lächeln über Religion als blinden Glauben. Wenn wir logisch denken, erkennen wir mühelos, daß jedes einzelne religiöse Prinzip zum Wohl von Mensch und Natur geschaffen wurde. Früher wurden Kinder gewarnt: "Wenn du lügst, wirst du erblinden!" Wenn das stimmen würde, gäbe es heute keinen Sehenden mehr auf der Welt. Aber diese kleine Lüge hielt Kinder vom Lügen ab. Es ist dasselbe, wie der Kleber auf der Wand: "Keine Plakate". Mit diesem einen Plakat wird der Rest der Mauer von weiteren Plakaten frei gehalten. Später lernen die Kinder, daß diese Warnung nicht stimmt, aber die Gewohnheit, immer die Wahrheit zu sagen, ist tief in ihnen verankert.

Nur wer über subtile intellektuelle Wahrnehmung verfügt, wie sie sich durch Glauben entwickelt, wird erkennen, daß blinder Glaube in die Religion eine Hilfe ist, menschliche Schwächen zu beseitigen. Wenn wir unser Leben nach religiösen Prinzipien zu führen beginnen, wird unsere Furcht vor Gott in göttliche Liebe verwandelt Wir beginnen, alle Wesen als Offenbarungen Gottes zu lieben. Früher lebten viele Familien als Großfamilie unter einem Dach; sie waren glücklich und liebten einander. Heute wird gestritten, auch wenn nur drei Menschen als Familie zusammenleben. Gutes Einverständnis und Einfühlung fehlen. Unsere Augen füllen sich mit Tränen, wenn wir an den Frieden und die Einigkeit denken, die früher in den Familien vorherrschten. Von solchen Zuständen können wir nur noch träumen. Es wurde möglich dadurch, daß Religion bei den Menschen große Bedeutung hatte, beim Einzelnen, wie auch in der Gemeinschaft. Religion verlangt, daß wir die Vorstellung der Dualität aufgeben. Religion vereint die innere Natur des Menschen mit der Äußeren Natur der Welt.

Was verursachte den Bruch in der Beziehung von Natur und Mensch?

Amma: Wegen seiner Selbstsucht betrachtet der Mensch die Natur als getrennt von sich selbst. Wenn jemand sich schneidet oder verletzt, so ist es zweifellos das Bewußtsein, daß beide Hände, die linke und die rechte, „meine" sind, welches die eine dazu treibt, die andere zu pflegen. Wir fühlen uns nicht so betroffen, wenn ein anderer Mensch sich verletzt, stimmt es? Der Grund dafür liegt in der Haltung: „Dies ist nicht mein" Die Trennungsmauer zwischen Mensch und Natur entsteht hauptsächlich durch die selbstsüchtige Haltung der Menschen. Sie meinen, die Natur sei nur dazu erschaffen worden, um sie zur Befriedigung ihrer selbstsüchtigen Wünsche zu gebrauchen und auszubeuten. Diese Haltung schafft eine Wand, Trennung und Distanz. Es ist eine erschreckende Feststellung, daß der heutige Mensch infolge der ungeheuren Entwicklung der modernen Wissenschaft seine geistige Aufgeschlossenheit verloren hat. Der Mensch hat Methoden erfunden, hundert Tomaten von einem Stock zu erzeugen, der sonst nur zehn Früchte tragen konnte. Es gelang ihm auch, deren Größe zu verdoppeln. Es stimmt zwar, daß durch die erhöhte Produktion Armut und Hunger in gewissem Maße abgebaut worden sind, doch ist sich der Mensch der schädlichen Wirkungen von Kunstdünger und Pestiziden nicht bewußt, die durch die Nahrung in seinen Körper kommen. So ist es eine Tatsache, daß solche Chemikalien die Körperzellen angreifen und sie krankheitsanfällig machen. Auch die Zahl der Krankenhäuser mußte man vermehren, seitdem die Wissenschaftler die Pflanzen künstlich dazu zwingen Früchte und Samen in Mengen zu produzieren, die außerhalb ihrer Grenzen liegen Die Wissenschaft hat unvorstellbare Gipfel erreicht, aber die Selbstsucht des Menschen hindert ihn daran, die wahre Sachlage mit Klarheit zu sehen und mit Einsicht zu handeln.

Es ist der selbstsüchtige Gedanke mehr zu wollen, der den Menschen dazu bewegt, künstliche Dünger und Pestizide zu gebrauchen. Wegen seiner Gier kümmert er sich nicht darum, die

Pflanzen zu lieben. Ein Ballon kann bis zu einer gewissen Größe gefüllt werden. Er platzt, wenn weiterhin Luft hinein geblasen wird. Genauso ist die Ernte begrenzt, die ein Samen erbringen kann. Wenn wir, ohne dies in Betracht zu ziehen, den Ertrag dennoch vermehren, beschädigen wir Kraft und Qualität des Saatgutes. Dies wiederum schadet auch denjenigen, die davon essen. Ehemals genügten für den Ackerbau Wasser und natürliche Düngemittel. Heute ist es anders; Pestizide und Kunstdünger sind nicht mehr wegzudenken. Dadurch ist das Immunsystem der Pflanzen und Samen sehr geschwächt und hat die Abwehrkraft gegen Krankheiten verloren. Statt dessen gäbe es natürliche Methoden, um die Widerstandskraft zu erhöhen. Die Religion lehrt uns, alles demütig mit Ehrfurcht zu lieben. Wissenschaftliche Erfindungen haben es geschafft, die Pro-duktion in hohem Maße zu vermehren, aber gleichzeitig hat die Qualität von allem abgenommen.

Einen Vogel oder ein Tier in einem Käfig zu halten ist dasselbe, wie einen Menschen hinter Gitter zu tun. Freiheit ist das Geburtsrecht jedes Wesens. Wer sind wir denn, daß wir diese Freiheit wegnehmen? Indem wir einem Huhn Hormone spritzen, versuchen wir, größere Eier zu erhalten.

Mensch und Natur

Wir lassen die Hühner zweimal am Tage Eier legen, indem wir sie in finstere Käfige sperren, die von Zeit zu Zeit geöffnet werden, um beim Huhn den falschen Eindruck zu erwecken, daß mehr als ein Tag verstrichen ist. Dadurch wird die Lebenszeit der Hühner um die Hälfte verkürzt und die Eier verlieren jede Qualität. Das Profitdenken hat den Menschen blind gemacht und all seine Güte und Tugenden zerstört. Dies heißt nicht, daß wir nicht daran denken sollten, die Produktion zu steigern. Bei weitem nicht. Wichtig ist zu respektieren, daß alles seine Grenzen hat. Geht man darüber hinaus, kommt es der Zerstörung der Natur gleich.

Es ist höchste Zeit, daß wir ernsthaft an Naturschutz denken. Zerstörung der Natur und Zerstörung des Menschen ist das Gleiche. Bäume, Tiere, Vögel, Pflanzen, Wälder, Berge, Seen und Flüsse - alles, was in der Natur vorhanden ist, braucht verzweifelt die Güte, die mitfühlende Sorge und den Schutz des Menschen. Wenn wir sie beschützen, werden auch sie uns schützen.

Der legendäre Dinosaurier und andere Arten sind von der Erdoberfläche verschwunden, weil sie die veränderten klimatischen Bedingungen nicht überleben konnten. Wenn der Mensch

Amma beantwortet Fragen über Umweltprobleme

nicht achtgibt, wird er dasselbe Schicksal erleiden, sobald seine Selbstsucht den Gipfel erreicht hat. Nur Liebe und Barmherzigkeit ermöglichen den Schutz und die Erhaltung der Natur. Diese beiden Eigenschaften nehmen aber beim Menschen sehr schnell ab. Um wahre Liebe und Barmherzigkeit zu empfinden, muß man die Einheit der Lebenskraft erkennen, die das Substrat des ganzen

Universums bildet und es erhält. Diese Erfahrung kann erst durch Studium und die Einhaltung religiöser Prinzipien erreicht werden.

Wie kann die im Namen der Religion vollzogene Opferung von Tieren gerechtfertigt werden?

Amma: Tier- und Menschenopfer wurden früher gemacht, weil die religiösen Prinzipien den Menschen nicht voll bekannt waren. Dem einfachen Mann waren religiöse Schriften nicht zugänglich. Die Brahmanen hielten sie geheim. Deshalb verehrten die Leute Gott nach ihren Vorstellungen. Als Amma die Insel Reunion besuchte, erzählte man ihr, daß dort eine eigene Sprache gesprochen wird, weil die französische Bevölkerung Arbeitskräfte aus anderen Ländern auf die Inseln Reunion und Mauritius holte. Diese Leute lernten durch Hören ein wenig französisch und mischten ihrer eigenen Sprache Worte bei, die sie von anderssprachigen Mitarbeitern hörten. So entstand eine neue Sprache. Dieser Vorgang geschah früher auch bezüglich der Gebräuche. Die einfachen Leute folgten auf ihre eigene Art dem Vorbild der gebildeten Schicht und ihre Nachfahren übernahmen die so entstandenen Gewohnheiten.

Unsere bevorzugten Dinge sollten wir Gott anbieten. Wie empfangen wir einen Freund, der nach langer Abwesenheit einen Besuch bei uns macht? Wir werden ihm unsere besten Gerichte vorsetzen, um ihm Freude zu machen. Wenn wir dies für einen Freund tun, warum dann nicht für den geliebten Gott? Wer süßen Pudding liebt, bietet ihn Gott an. Wer jedoch nie von süßem Pudding gehört hat, kann ihn auch nicht anbieten.

Jäger liebten das Fleisch von Vögeln und Tieren sehr, deshalb boten sie etwas davon Gott an. Ihre Nachfahren, die keine Jäger mehr waren, führten diese Gewohnheit weiter, ohne sie richtig zu verstehen.

Die Gebildeten jener Zeit vermittelten ihnen die wesentlichen religiösen Prinzipien nicht. Religion lehrt uns, unser Gemüt Gott anzubieten. Das können wir nicht mit Äußeren Handlungen tun. Deshalb werden Dinge, an die unser Gemüt verhaftet ist, symbolisch dargebracht. Das ist das Prinzip, welches den Geldopfern anläßlich religiöser Zeremonien zugrunde liegt. Dies geschieht, weil das menschliche Gemüt normalerweise sehr ans Geld verhaftet ist.

Jeder verehrt Gott nach seinem persönlichen Gutdünken. Die rishis verehrten die Göttin als Verkörperung von Reinheit. Leute, die zu Geld kommen wollten, verehrten sie als Lakshmi. Gelehrte und Schüler verehrten sie als Saraswati, die Göttin des Lernens; Krieger verehrten sie als Kali mit Schwert und Dreizack. Aber sie alle sind Formen derselben Energie. Jeder Mensch gibt Gott diejenige Form, die seiner eigenen Disposition entspricht.

Der Allmächtige kann jede Form annehmen. Es ist deshalb unnötig, Gott oder der Religion Vorwürfe zu machen. Wenn Menschen Rituale ausüben, die schädlich sind, sollten sie belehrt werden und von den echten religiösen Prinzipien hören. Wir sollten ihnen falsche Handlungen verbieten. Wenn ein Quacksalber eine falsche Medizin verschreibt und der Patient daran stirbt, werden wir deswegen nicht alle Ärzte als Quacksalber bezeichnen. Wenn in einer Gesellschaft durch Tradition falsche oder verbogene Gewohnheiten bestehen, haben wir kein Recht, deswegen die religiösen Prinzipien zu verwerfen. Das wäre wie wenn wir das Baby mit dem Bad ausschütten würden.

Ist nicht die moderne Wissenschaft, die Naturphänomene erklären kann, einer Religion vorzuziehen, die im Menschen Furcht (vor Gott) erzeugt?

Amma: Religion ist das, was die Wahrheit über die Natur enthüllt. Was in der Religion nicht gefunden wird, ist auch in der Wissenschaft unauffindbar. So wie aus Milch

Butter, Buttermilch, Käse usw. gewonnen werden können, erhalten wir alle Informationen aus der Religion. Religion spornt uns auch an, die Natur zu schützen. Und sie lehrt uns, allem zu dienen und alles zu lieben, weil wir alles als eine Form von Gott betrachten. Aus diesem Grund wurden Berge, Bäume, Flüsse, Kühe, Sonne und Mond, die Luft usw. verehrt.

Gottesfurcht in der Religion soll dem Menschen nicht Angst einflößen. Ihr Sinn ist, Aufmerksamkeit und Sorgfalt im Menschen zu entwickeln. shraddha (Glaube und Aufmerksamkeit) werden für jede Handlung gebraucht, die Erfolg haben soll. Nur wo shraddha ist, ist auch Geduld. Nur Handlungen, die mit shraddha ausgeführt werden, können ein gutes Resultat bringen. Gottesfurcht bewirkt shraddha im Menschen. Furcht vor Gott in ihrem eigentlichen Sinn ist die Mischung von zwei Haltungen: die Ehrerbietung für einen Lehrer und die Liebe und Anhänglichkeit für eine Mutter. Dies ist die Haltung, die man Param-atman (Gott) gegenüber haben sollte. Es ist nicht einfach Furcht, sondern eine Furcht, welche die Unterscheidungskraft in uns entwickelt.

Religion sagt, daß wir irgendwann bestraft werden für falsche Handlungen, die wir begehen.

Mensch und Natur

Eine solche Aussage will unsere Unterscheidungskraft fördern. Es ist damit nicht ein Gott gemeint, der irgendwo im Himmel auf einem goldenen Thron sitzt, mit Schwert und Waage der Gerechtigkeit, und der uns die Hände abhacken wird. Gott ist in allen Wesen vorhanden. Wenn wir jeden Gegenstand in der Natur respektieren und schützen, dann ist das wahrhafte Gottesverehrung.

Religion sagt: "Es gibt einen Diamanten in dir. Da er jedoch im Öl von ajnana (Unwissenheit) liegt, hat er seinen Glanz verloren. Versuche, sein Funkeln zurückzugewinnen. Schau tief in dich hinein. Lerne zu verstehen, wer du bist. Lege dein Ich (Ego) ab, indem du Bewußtsein in dir erweckst. Werde dir klar darüber, was dein dharma (richtige Lebensführung) ist. Du bist mehr als ein 165-180 cm großes menschliches Wesen. Du bist jenes Unendliche Prinzip, ewig und unveränderlich. Erkenne die Wahrheit und lebe in ihr. Sei nicht wie eine Ratte in ständiger Furcht vor der Katze. Sei wie ein Löwe, König der Raubtiere." Religion ist das Mantra von Kraft und Stärke. Religion dient der Beseitigung des Ego im Menschen.

Amma beantwortet Fragen über Umweltprobleme

Die Furcht vor Gott hilft, unsere Schwächen zu überwinden. Wenn wir Nahrung neben einen Patienten stellen, die ihm verboten ist, können wir sicher sein, daß er sie essen wird. Dieser Art ist das

vasana in uns. Getrieben vom Geschmackssinn der Zunge übersehen wir die Folgen, sogar wenn sie tödlich sind. So sind wir Sklaven unserer innewohnenden Triebe. Ein Raucher mag schwören: "Ich rauche nie wieder!" und im gleichen Moment können wir eine brennende Zigarette zwischen seinen Lippen sehen. Dies geschieht, weil der Mensch Sklave seiner vasanas ist. Um sich von ihnen zu befreien, sollte man über ihre schlechten Auswirkungen nachdenken und Stärke entwickeln, um ihrer Herr zu werden. Gottesfurcht hilft uns, Charakterstärke zu entwickeln.

Oft mögen religiöse Gebote zu hart und streng erscheinen. Wir bezweifeln, daß so viele Regeln und Einschränkungen wirklich notwendig sind. Aber diese scheinbare Strenge wurzelt in reiner Liebe für die Menschheit. Nehmen wir an, ein Arzt sagt vor der Operation zu einem Kind: "Oh mein liebes Kind, du wirst zu leiden haben, wenn ich dich operiere. Schau deshalb bitte sofort, daß du vorher entweichen kannst. Ist das Güte für das Kind oder reine Unmenschlichkeit?

Wenn wir in Gefahr sind, unseren vorgegebenen Lebensweg (dharma) zu verlieren, bringt uns Gottesfurcht zurück auf den richtigen Pfad. Sie reinigt uns. Die Furcht, daß "Gott mich strafen wird, wenn ich unrecht tue", flößt uns shraddha ein. Gottes Strafe ist ein verkleideter Segen. Wenn die Mutter ein ungehorsames Kind bestraft, ist das nicht ein Mangel an Liebe. Der kleine Schmerz, den das Kind erleidet, wird es davor bewahren, später in größere Schwierigkeiten zu geraten.

Viele Menschen haben eine falsche Vorstellung über Hingabe verbunden mit Gottesfurcht. Es gibt keinen einzigen Menschen, der nie einen Fehler begeht. Deshalb empfinden viele folgendermaßen: "Gott wird mich für das begangene Unrecht strafen. Um dieser Strafe zu entgehen, will ich Ihm etwas anbieten, sagen wir eine brennende Öllampe, die so und soviel Wert hat. Wenn Gott zwei Kilometer im Licht dieser Lampe gehen kann, wird Er erfreut sein." Das scheint die Haltung vieler Menschen zu sein. Das ist aber nicht Glaube an Gott. Solcher Glaube zerstört mit der Zeit auch das Bißchen echten Glaubens, das man vorher vielleicht hatte. Wir brauchen keine Lampe anzuzünden, damit Gott den Weg sehen kann. Ihm mit dieser Einstellung eine Lampe anzubieten ist, wie für die Sonne eine Kerze anzuzünden, damit sie im Kerzenlicht ihre Bahn finden kann. Was immer der Zweck von Tempeln und Opfern sei, es soll damit ein Sinn für Gerechtigkeit geschaffen werden der zur Erweiterung des Geistes führt.

Unsere Ahnen schufen viele religiöse Gewohnheiten, die wir übernehmen sollten. Die wahre Absicht hinter vielen dieser Bräuche und Praktiken ist die Reinigung und der Schutz der Natur. Wenn wir zum Beispiel in der Abenddämmerung Öldochte anzünden, reinigt das die Atmosphäre von unerwünschten Schwingungen. Ihr Rauch zerstört auch Krankheitserreger. Es war das religiöse Bewußtsein, das den einfachen Leuten von damals half, diese heilenden Handlungen auszuführen und zu erhalten, trotzdem sie weder gebildet noch gelehrt waren. Wenn in einer Familie große Armut herrschte und nicht genügend Geld für Nahrungsmittel vorhanden war, wurde trotzdem ein wenig Öl gekauft und in der Abenddämmerung ein Öldocht damit entzündet Auf diese Weise waren religiöser Glaube und Gottesfurcht hilfreich zur Erhaltung von Reinheit und Harmonie in der Natur.

Jede unserer Handlungen ist geprägt durch einen gewissen Grad an Furcht. Meistens sind wir nur aus Furcht vorsichtig. Andernfalls würden wir die Dinge zu leicht nehmen. Wir gehen sorgfältig, weil uns bewußt ist, daß wir hinfallen könnten. Während wir mit anderen Menschen sprechen, achten wir darauf, keine unbedachten Worte herausplatzen zu lassen, zu denen unser samskara uns nötigen mag, denn das könnte zu Streit führen und im Gefängnis enden. Nur Dank solcher Furcht sind wir zurückhaltend mit Worten und Taten. Studenten lernen fleißig aus Furcht, bei den Examen durchzufallen. Wenn wir die Dinge so betrachten, kann gesagt werden, daß wir jede Minute mit einem Gefühl von Furcht leben.

Furcht bringt uns dazu, Handlungen mit passender Sorgfalt und Aufmerksamkeit auszuführen. Stellen wir uns zum Beispiel vor, daß wir Samen in einen Acker gesät haben. Zur richtigen Zeit müssen wir Düngen und Bewässern. Andernfalls wird die Ernte gering ausfallen und wir werden hungern. Angst vor Hunger machte uns aufmerksam und weckte unsere Unterscheidungskraft. Das Resultat davon ist, daß wir aus der Saat hundertfache Ernte erhalten. Furcht bringt uns zum Handeln im richtigen Zeitpunkt. Bhaya bhakti für Gott ist dem vergleichbar. Es ist Respekt, kombiniert mit Hingabe und Verehrung. Bhaya bhakti inspiriert den Menschen dazu, Handlungen mit Wachsamkeit und Unterscheidungskraft auszuführen.

Mensch und Natur

Gott ergießt Seine Gnade fortwährend über die Menschen und Religion rät uns, wie wir den besten Gebrauch von dieser Gnade machen können. Es bringt nichts, der Sonne Vorwürfe zu machen und uns zu beklagen, daß es dunkel ist, wenn wir Türen und Fensterläden unseres Zimmers geschlossen haben. Wir sollten die Läden öffnen und das Sonnenlicht hereinlassen. Gott hat uns Stärke und Gesundheit gegeben, damit wir Handlungen ausführen können, die Seine Gnade anziehen. Religion inspiriert uns, in Übereinstimmung mit dem dharma zu handeln und nicht unseren vasanas gemäß. Es gibt Leute, die sagen, daß wir diese nicht unterdrücken, sondern ihnen entsprechend handeln sollten. Nehmen wir an, jemand hat das vasana zu töten. Was passiert, wenn er danach handelt und seinen Nachbarn umbringt? Die Nachbarsfamilie wäre ruiniert Deshalb ist es notwendig, unsere vasanas zu kontrollieren und in eine gute Richtung zu lenken. Das kann nur geschehen, wenn Furcht vor einer Allmächtigen Kraft oder Gott vorhanden ist Es ist bhaya bhakti (Furcht zusammen mit Hingabe), die uns zur völligen Furchtlosigkeit führt. Ihr bescheiden machender und erhebender Einfluß ist viel tiefgründiger als jener, der aus dem intellektuellen Verstehen der unerwünschten Folgen entsteht.

Heutzutage nehmen wir nur selten die Mühe auf uns, Forderungen der Wissenschaftler zur Erhaltung und zum Schutz der Natur in Praxis umzusetzen. Statt dessen fällen die Menschen eifrig Bäume und roden Wälder. Es werden neue Bäume gepflanzt, die sich für industrielle Zwecke eignen und den Profit vergrößern. Solche Bäume benötigen aber Kunstdünger und Pestizide. Sie sind krankheitsanfälliger als die natürlicherweise dort wachsenden Bäume. Solche Neupflanzungen verderben die Umgebung. Heute sind die Gärten um unsere Häuser voller gezüchteter Pflanzen, die den duftenden Jasmin und Oleander ersetzen, zwei Pflanzen, die Gefühle der Hingabe wecken. Diese Veränderung weist auf die Wandlung hin, die über den menschlichen Geist gekommen ist.

Unsere Vorfahren, die tirtha zu sich nahmen (heiliges Wasser, das nach pujas als prasad verteilt wird) brauchten kein anderes Tonikum, denn tirtha war mit Heilpflanzen hergestellt, wie Basilikum, Bilva-Blättern und karika-Gras (das bei Ritualen verwendet wird). Die Heilwirkung all dieser Pflanzen wurde von der Wissenschaft erforscht und bestätigt, aber gibt es jemanden, der ihnen in seinem täglichen Leben einen Platz einräumt? Wenn in früheren Zeiten ein Gast eintraf, wurden ihm Kokoswasser oder Buttermilch angeboten. Heute erhält ein Gast Kaffee, Tee oder künstliche Getränke. Auch das früher überall angebotene Zitronenwasser ist durch farbige Getränke ersetzt worden, die viele schädliche Chemikalien enthalten. Und der heutige Mensch, der sehr genau von ihrer Schädlichkeit weiß, ist bereit, das zehnfache des Preises für Zitronenwasser dafür zu bezahlen. Kokospalmenwälder und Zitronenhaine wurden durch Kaut-schukpflanzungen verdrängt. Und dies alles aus Profitdenken und nicht aus Liebe für die Natur.

Jugendliche früherer Zeiten rauchten selten in Gegenwart Erwachsener. Warum? Weil sie bhaya bhakti hatten. Und heute sieht man sogar Ärzte, die Zigaretten zwischen die Lippen klemmen, obwohl sie den anderen raten, nicht zu rauchen. Jedermann weiß, das in dicken Lettern auf die Zigarettenpackungen gedruckt ist: "Rauchen gefährdet die Gesundheit". Kümmert sich irgend jemand darum? Die moderne Wissenschaft weist darauf hin, daß ein Raucher der Umwelt mehr Schaden zufügt als sich selber. Deshalb: was hat der Natur mehr genützt, intellektuelles

Verständnis oder bhaja bhakti?" Sicher das letztere. Nicht, daß intellektuelles Verständnis unnütz ist - aber es muß mit entsprechendem Handeln verbunden sein. Der heutige Mensch hat buddhi (Intelligenz), es mangelt ihm aber an viveka buddhi (unterscheidender Intelligenz). Deshalb die Notwendigkeit von bhaya bhakti. Es genügt nicht, Wissen auf den Intellekt zu beschränken, es sollte statt dessen das Herz füllen. Wissen sollte ins Leben integriert werden. Das ist die Absicht der Religion.

Der bhaya bhakti, den der Mensch von der Religion geerbt hat, war ein großer Segen, sowohl für ihn wie auch für die Natur. Er lehrte ihn, die Natur zu lieben, zu erhalten und zu schützen. Wo ein Polizist patrouilliert, geschehen weniger Diebstähle und Verbrechen. Es herrscht ein Gefühl von Sicherheit vor. Genauso hilft bhaya bhakti für Gott, das dharma in der Gesellschaft zu erhalten. Indem wir religiöse Prinzipien in uns aufnehmen und die traditionellen Verhaltensregeln einhalten (achara-maryadas), können wir falsche und unerwünschte Handlungen vermeiden.

Religion ist die Fackel, die den Weg zur Naturliebe, zum harmonischen Zusammenleben mit der Natur, beleuchtet und die uns die Natur als Teil von Gott erkennen läßt. Sie bringt dem Menschen ins Bewußtsein, daß er ein integraler Teil der Natur ist und macht ihn bescheiden. Und sie gibt ihm die Kraft, die Natur zu transzendieren und das Höchste Prinzip zu verwirklichen.

Es gibt Leute, die der Religion vorwerfen, sie sei nur ein Bündel von Aberglauben. Sie lehnen sie ab, weil es ihnen nicht gelingt, die wissenschaftliche Grundlage der meisten religiösen Praktiken zu verstehen. Religion hat sehr viel zur Erhaltung und zum Schutz der Natur beigetragen. Demgegenüber haben die Gegner der Religion der Natur nur Schaden zugefügt. Es sind die einfachen Leute, die Glauben haben und die Natur lieben und pflegen. Es ist heute üblich, religiöse Praktiken zu verwerfen, indem die Wissenschaft angeführt wird. Diese Kritiker vergessen die Tatsache, daß die Wissenschaft viele Aspekte des Universums noch nicht untersucht hat.

Die religiösen Prinzipien haben universellen Bezug. Religion beinhaltet Ideen, die für jeden einzelnen Menschen verwertbar sind: Ideen für kleine Kinder, solche für Jugendliche und ebenso Ideen für den Hundertjährigen. Sie beinhaltet sowohl Prinzipien für geisteskranke als auch für sehr intellektuelle Menschen. Für die Arbeit als Soldat, Polizist oder Postangestellter werden verschiedene Eigenschaften und Kenntnisse gebraucht. Ebenso bietet Religion Prinzipien und Praktiken an, die den verschiedenen Menschentypen entsprechen. Weil Religion alles enthält, mag uns einiges davon unpassend erscheinen, doch hat es eine gute Wirkung auf die Leute, für die es gedacht ist. Wenn wir uns mit religiösen Prinzipien und Praktiken befassen, sollten wir eine breite Sichtweise haben – und Glauben.

Kann irgend jemand ohne Glauben leben? Wir alle wissen, daß täglich viele Menschen ihr Lebensende erreichen. Es gibt solche, die mitten im Geplauder mit Freunden sterben. Trotzdem denken wir alle, daß unser Tod nicht sofort kommen wird. Das ist Glaube. Wir sitzen hier zusammen, weil wir glauben, daß unsere Feinde keine Bomben werfen werden. Trotzdem wir wissen, wie häufig Verkehrsunfälle sind und obwohl wir selber auch Zeuge davon waren, reisen wir doch weiterhin in Fahrzeugen. Dies nur deshalb, weil ein angeborener Glaube da ist, daß unser Fahrzeug keinen Unfall machen wird. Wenn unsere Tochter heiratet, glauben wir, daß der Schwiegersohn gut zu ihr schauen wird. Wenn wir irgendwo Wasser trinken, dann im Glauben, daß es nicht vergiftet ist.

Es ist Glaube allein, der uns jeden Moment hält und uns im Leben weiterführt. Nur wenn wir Glauben haben, können wir Glück empfinden. Wenn unsere Geliebte uns ein bitteres Getränk anbietet, wird es süß schmecken, während ein süßes Getränk, von einer uns unsympathischen Person dargereicht, bitter schmeckt. Glück erfahren wir nur, wenn wir alles und jeden annehmen und lieben können. Was Glück verhindert, ist unsere Selbstsucht.

Religion ermöglicht uns, in Harmonie mit der Natur zu leben und sie zu lieben. Wird einem Menschen bewußt, wie sehr er der Natur gegenüber verschuldet ist und welche Verpflichtungen er für sie hätte, dann verschwindet sein Ego. Wenn er sich selber als Teil der Natur versteht, erkennt er, daß alles der eine atman ist. In Wirklichkeit ist Religion nichts anderes als Hege und Sorge für die Natur. Nur mit solcher Einstellung ist unsere Existenz überhaupt möglich.

Was sind yagnas (spirituelle Opferhandlungen) und was bewirken sie in unserem modernen Zeitalter?

Amma: Das Prinzip hinter *yagna* ist, daß die Völker aller Länder und jeder

Geschichtsepoche in gegenseitiger Liebe und Zusammenarbeit leben sollten, indem sie die Naturgesetze beachten. Das Konzept von *yagna* wurzelt im Ideal, daß der Mensch der Natur mindestens einen Teil von dem zurückgeben sollte, was er von ihr genommen hat. Das *pancha yagna* setzt sich aus fünf Handlungen zusammen, die von den Familien in ihrem Alltag ausgeführt werden sollten. Es sind dies

rishi yagna (Studium und Verbreitung der heiligen Schriften),

deva yagna (Gottesverehrung durch Rituale: puja, homa; und Rezitieren des Mantras: japa),

pitru yagna (Sorge für die Eltern und Rituale für die Verstorbenen),

nara yagna (selbstloser Dienst für die Menschheit),

bhuta yagna (Sorge für alle Lebewesen, speziell Tiere und Vögel).

Die Absicht hinter rishi yagna ist, den Menschen zu lehren, wie er im richtigen Verständnis der Natur auf dieser Welt leben kann ohne zusammenzubrechen, wenn Prüfungen und Probleme auftauchen. Wer Ackerbau studiert hat, weiß, wie er sein Feld zu pflegen hat. Er weiß, wie er die Pflanzen vor Schädlingen und Krankheiten bewahren kann, welcher Humus der geeignetste ist, welcher Dünger für welche Pflanzen und zu welchem Zeitpunkt gegeben werden soll. Wer ohne diese Kenntnisse Landwirtschaft betreibt, wird die Ernte verderben. Vergleichsweise helfen das Studium der Schriften und Heiligen Bücher, die Vorkommnisse in der Welt zu verstehen. Wenn ein Knallfrosch plötzlich neben uns explodiert, erschreckt uns das sehr. Wissen wir aber im voraus, daß Knallfrösche angezündet werden, sind wir darauf gefaßt und nicht schockiert. Ein Nichtschwimmer muß in den Meereswogen um sein Leben kämpfen, während ein Schwimmer fröhlich mit den Wellen spielen kann.

Vergleichbar ist der Nutzen, der aus dem Studium der Schriften gewonnen wird. Sie lehren uns, wie wir uns eines glücklichen, ausgeglichenen Lebens erfreuen können. Die Schriften verkörpern die Prinzipien der richtigen Lebensführung. Sie wurden von den rishis aufgestellt, die den Zustand der Begierdelosigkeit erreicht hatten. Wir sind ihnen großen Dank schuldig für die Vermittlung dieses höchsten Wissens. Wenn wir die Schriften studieren, das Wissen in unseren Alltag umsetzen und die gewonnene Weisheit weitergeben, zahlen wir damit unsere Schulden an die rishis zurück.

Wichtiger als das Studium der Schriften ist die Anwendung dieser erhabenen Prinzipien im Alltag. Sonst ist es, wie wenn wir den Hunger stillen möchten, indem wir ein Kochbuch durchblättern.

Deva yagna lehrt uns, die von den rishis überlieferten Wahrheiten ins Alltagsleben umzusetzen. Es umfaßt puja (religiöse Verehrung), japa (Mantrasingen), dhyana (Meditation) und vrata-anushtanangal (Enthaltsamkeit). Ihr Ziel ist die Erreichung geistiger Konzentration, Schärfe des Intellekts und Reinigung des Wesens. Mantra japa (Rezitieren des heiligen Namens) hilft, störende Gedanken von unserem Geist fernzuhalten. Durch dhyana (Meditation) gewinnt der Intellekt Klarheit und Verfeinerung und erfährt Friede und Ruhe, weil die Projektionen verschwinden.

Puja und homa (religiöse Anbetung und Opferungen ans Feuer) sind sehr erfolgreich, wenn sie im Wissen um die zugrundeliegenden spirituellen Prinzipien durchgeführt werden. Wenn wir Gaben ins Opferfeuer des homa geben, soll es in der inneren Haltung geschehen, daß wir unsere Verhaftung an geliebte Objekte weggeben wollen. Während der puja, wenn wir das Räucherstäbchen entzünden, sollten wir wünschen, daß unser Leben genau so für die Welt verbrennen und überall

Wohlgeruch verbreiten möge. Wenn während dem arati der Kampfer brennt, stellen wir uns vor, daß damit unser Ego spurlos verbrennt im Feuer des Wissens. Das Mantrarezitieren und der Rauch der homas helfen, unseren Geist und die Atmosphäre in unserer Umgebung zu reinigen. Wenn alle Opfergaben als devatarupa (Gottheit/Gott) betrachtet werden, bewirken sie im ausführenden Verehrer shraddha (Glaube und Aufmerksamkeit) und bhakti (Hingabe). Die Gläubigen falten die Hände und verneigen sich vor der Öllampe, weil sie den Glauben übernommen haben, daß Gott dort gegenwärtig ist. Fasten und andere Formen der Enthaltsamkeit sind sehr hilfreich, um Selbstkontrolle und Gesundheit zu erhalten. Für die meisten dieser Handlungen spielen Voll- und Neumond eine Rolle. Die Wissenschaft hat nun bestätigt, daß Zu- und Abnahme des Mondes einen Einfluß auf das menschliche Gemüt haben. Geisteskranke leiden stärker unter ihrer Krankheit, und im allgemeinen wird vermehrt mit Zorn, Emotionen und Gedankenfluß reagiert. Wenn wir an diesen Tagen durch Gebet und andere spirituelle Handlungen unseren Geist kontrollieren und auf einen Punkt konzentrieren und den Körper lediglich mit Früchten ernähren, können wir die innere Ruhelosigkeit vermindern. Die Gesundheit bleibt erhalten, was die Lebensdauer verlängert. Wenn ein ganzes Volk solcherart Enthaltsamkeit übt, wird auch die Natur von positiven Schwingungen durchdrungen. Die Jahreszeiten mit Regen- und Wärmephasen werden richtig einsetzen. Das ist die Wahrheit hinter dem Ausspruch: "Die Götter segnen Volk und Land mit ausreichendem Regen, wenn sie mit yagnas erfreut werden."

Mit pitru yagna (Rituale zur Besänftigung der Ahnen) sind nicht nur Opferrituale gemeint. Wahrer pitru yagna ist Dienstleistung an unsere Eltern und an Ältere als Ausdruck unseres Respekts und unserer Liebe. Wenn kranke alte Menschen nicht richtig gepflegt und umsorgt werden, bleibt ihre Verwünschung in unserer Atmosphäre zurück. Die hilflosen, aus tiefstem Herzen kommenden Klagen ihrer innersten Seele werden in der Natur registriert und sich einmal heftig auf uns auswirken. Es heißt, daß keine weitere hingebende Verehrung für Gott notwendig ist, wenn ein Mensch seinen Eltern dient und sich ernsthaft um sie kümmert.

Nara yagna ist der Dienst an der Menschheit. Darin sind alle Formen des selbstlosen Dienstes enthalten, wie zum Beispiel die Ernährung der Armen oder die Pflege von Kranken.

Alle Wesen als Verkörperung des Universellen Wesens zu betrachten und ihnen zu dienen ist bhuta yagna. In unserer Kultur respektieren wir einen Gast als Gott selber. Unsere Liebe für die Familienmitglieder wurzelt in Bindung, was uns nicht hilft, geistig offen zu werden. Aber athithi puja (respektvoller Empfang und Bedienen eines Gastes) liegt reine, bedingungslose Liebe zugrunde. Es ermöglicht uns, die ganze Welt als eine Familie zu lieben. Wir haben der Pflanzen- und Tierwelt den Status von Göttern und ihren Attributen gegeben. Früher setzten sich deshalb die Familienglieder erst zu Tisch, wenn die Haustiere gefüttert und der Basilikum-, Banyan- oder Bilva-Baum gewässert waren. Wenn eine Zierpflanze aufgestellt wird, um Blüten für die Gottesverehrung zu spenden, dann sollte unser Geist auf Gott ausgerichtet sein, wenn wir sie pflegen und das Öffnen der Knospen betrachten oder die Blüten pflücken und eine Girlande daraus fertigen. Wenn wir Papier und Stift zurechtlegen, ist in unserem Bewußtsein der Gedanke: "Ich werde nun jenem bestimmten Freund einen Brief schreiben." Trotzdem Papier und Stift verschiedene Gegenstände sind, nehmen wir nur Einheit wahr - den Freund. Solcherart müssen wir uns Gott in jeder Handlung vergegenwärtigen und sie im Bewußtsein vollziehen, daß sie eine Gabe an Gott ist. So kann in der Vielfalt von Objekten und Handlungen die Einheit (advaita) wahrgenommen werden. Viele lieben es, über advaita zu predigen, niemand aber praktiziert es. Der wahre bhakta oder Devotee jedoch nimmt die nicht-duale Wahrheit in allen Wesen wahr dank bhuta yagna. Ohne daß er es selber weiß, lebt er in der Wahrheit von advaita.

Spiritualität geschieht nicht außerhalb des Lebens. Sie ist etwas Grundlegendes in unserem Inneren. Zeremonien und Rituale helfen lediglich, sie in den Bereich des Bewußtseins zu holen. Religiöse Praktiken müssen deshalb tägliche Routine und Lebensstil werden, so wie wir Zähne putzen und duschen. Ohne die Möglichkeit, solche spirituellen Prinzipien (Wahrheiten) in sich aufzunehmen, würde die Mehrheit der Menschen wie Roboter leben. Natürlich kann man ohne Religion existieren - es ist jedoch so sinnlos, wie einer Leiche ein Make-up zu machen. Rituale und Opfer lehren die Menschen, mit der Gesellschaft und der Natur in Harmonie zu leben.

Mensch und Natur

Warum bleibt Indien trotz der spirituellen Bedeutung, die es bisher hatte, ein armes Land. Ist Spiritualität ein Hindernis für materiellen Wohlstand?

Amma: Wer sagt, Indien sei ein armes Land? Indien mag arm erscheinen, wenn an materiellen Normen gemessen wird. Verglichen mit den wahren Normen des Wohlergehens ist Indien jedoch nicht arm. Puncto innerem Frieden und Wohlbefinden der Leute ist Indien reich. Sogar inmitten größter Entbehrungen ist die Verbrechensrate in unserem Land relativ gering. Die Zahl der Geisteskranken ist vergleichsweise niedrig.

Amma beantwortet Fragen über Umweltprobleme

Auch das Problem der Drogenabhängigkeit ist weniger schwerwiegend. Dem ist so, weil Indien das Erbe einer lebendigen spirituellen Kultur hat. Nur durch spirituelles Bewußtsein und spirituelle Erziehung sind wirklicher Friede und Wohlergehen eines Volkes möglich.

Spiritualität lehrt uns, den Lebensunterhalt durch eigene Anstrengung zu verdienen und das, was die eigenen wesentlichen Bedürfnisse übersteigt, für karitative Zwecke wegzugeben. Aber in der heutigen Welt schauen die Leute nach Gelegenheiten aus, den anderen das Geld zu entwenden und es in Banken anzulegen. Sie widmen ihr ganzes Leben dem Ziel, Reichtum zu erwerben. Trotz Anhäufung riesigen Wohlstandes leben sie in Armut, denn sie haben keinen geistigen Frieden. Überlegen wir uns, wer wirklich arm ist. Ist es der arme Mann, der sein bißchen Nahrung liebevoll und zufrieden mit Frau und Kindern teilt und friedvoll schläft, oder ist es der Mann im Überfluß, der in klimatisierten Räumen lebt und üppige Mahlzeiten genießt, sich aber ruhelos im Bett wälzt, schlaflos, weil sein Geist mit weltlichen Gedanken vollbeschäftigt ist? Sicherlich ist der letztere der Arme. An solchen Normen gemessen ist Indien wirklich ein reiches Land. Wir müssen nur achtgeben, daß wir diesen großen Wohlstand nicht verlieren.

Eigentlich war Indien sogar materiell sehr reich. Was geschah, war jedoch, daß die Menschen begannen, immer selbstsüchtiger zu werden. "Ich will diesen Wohlstand," "Ich will seinen Besitz." Begierden dieser Art kamen auf. Eine solche Haltung ist Verrücktheit. Nach Macht und Stellung zu streben ist Verrücktheit. Von Eifersucht, Egoismus und Wettbewerbsdenken beherrscht, fingen die Menschen an, Gott zu vergessen. Als Folge mißachteten sie dharma und begannen Streit und Kampf miteinander. Die Einheit war zerbrochen, was die Verteidigung des Landes negativ beeinflußte. Das. Ergebnis war, daß Indien unter fremde Herrschaft geriet. Die Eindringenden plünderten unseren Wohlstand. Die Nation geriet in den Zustand einer Wüste. Wir wissen, wie hart es ist, in einer Wüste anzubauen. Nur durch entschlossene und fleißige Anstrengungen kann ein Land neu belebt werden. Sogar heute noch sind es nicht physische Macht oder Wohlstand, die diese Nation erhalten, sondern ihre spirituelle Kraft und ihr spiritueller Wohlstand.

Wie auch immer, die Menschen haben trotz Rückschlägen und schmerzlichen Erfahrungen ihre Lektion noch nicht gelernt. Ausgiebigst ist jeder nur mit seinem eigenen persönlichen Gewinn beschäftigt. Die Menschen vergessen, daß wirklicher Wohlstand, sogar materieller Erfolg, nur durch das Verstehen der spirituellen Prinzipien und durch spirituelle Erziehung erreicht werden kann. Armut wird keinen Platz haben in diesem Land, wenn wir bereit sind, die bestehenden materiellen Mittel richtig zu verwenden und zu verteilen. Es ist genügend vorhanden, um die gerechtfertigten Bedürfnisse aller befriedigen zu können. Aber die Menschen sollten die selbstsüchtigen Begierden nach dem Besitz von anderen aufgeben.

Während in anderen Ländern sogar unfruchtbares Land bebaut wird, machen wir fruchtbare Äcker zum Spielplatz von Fabriken. Kann man seinen Hunger stillen, indem man Geldscheine ißt? Auch wenn Geld verfügbar ist, sollte Nahrung vorhanden sein, um den hungrigen Magen befriedigen zu können. Jedes Land hat sein einmaliges Erbe. Vorankommen kann es nur durch Anstrengungen zur Entwicklung dessen, was in diesem Erbe verwurzelt ist, und durch die Erziehung des Volkes im Sinne dieses kulturellen Erbes.

Aus diesem Grund sollten junge Menschen, welche die Werte unserer Kultur in sich aufgenommen haben, in die Dörfer gehen und die Bevölkerung über das spirituelle Erbe aufklären. Die Menschen sollten gelehrt werden, die Nation als ihr Heim zu betrachten. Fruchtbares Land sollte nur landwirtschaftlich genutzt werden. Für Obdachlose sollte man Häuser bauen; Hungrige sollten mit Nahrungsmitteln versehen werden. Zusammen mit solchen Dienstleistungen sollten den Menschen gute samskaras (Gewohnheiten) vermittelt werden. Wir werden in der Zukunft sehr zu leiden haben, wenn wir im gegenwärtigen Stil fortfahren, unsere kulturellen Werte zu vernachlässigen. Ginge der spirituelle Reichtum unseres Landes verloren, würde das zu einer Katastrophe für unser Land führen.

Wie ernst sind die Probleme im Bereich der Umwelt?

Amma: Die Lage der Umwelt ist heute äusserst ernst. Die Bevölkerung und die Zahl der Fabriken nimmt zu, aber wir vergessen, die Natur entsprechend zu schützen. Wenn wir so fortfahren, wird die Natur sich gegen uns wenden. Was nützt es, eine Katastrophe wissenschaftlich zu begründen, nachdem sie schon eingetroffen ist? Dies wird unseren Verlust nicht zurückbringen.

Früher gab es zu allem eine festgesetzte Zeit. Der Ackerbau geschah in einem bestimmten Monat oder zu einer bestimmten Jahreszeit und auch für die Ernte war ein besonderer Monat festgelegt. Damals gab es keine Bewässerungsanlagen. Die Bauern verließen sich ausschließlich auf Regen und Sonnenschein, welche die Natur ihnen wohlwollend spendete. Die Menschen lebten mit der Natur in Harmonie. Nie versuchten sie, sie herauszufordern. Daher erwies sich die Natur dem Menschen hilfsbereit. Sie war ihm eine Freundin. Die Leute vertrauten vollkommen darauf, daß, wenn sie die Körner zu einer bestimmten Zeit des Monats säten, es dann regnen würde. Sie wußten auch zu welchem Zeitpunkt geerntet werden sollte. Alles verlief reibungslos. Nie versäumte die Natur, sowohl Regen als auch Sonnenschein zur rechten Zeit zu spenden. Nie zerstörte der Regen die Ernte, weil er unzeitgemäß oder in zu großen Mengen kam. Auch mangelte es nie an Sonnenschein, noch gab es zu viel davon. Alles stand im Gleichgewicht. Die Menschen versuchten nie, die Gesetze der Natur zu verletzen. Unter den Leuten herrschten gegenseitiges Verständnis, Glaube,

Liebe, Barmherzigkeit und Zusammenarbeit. Sie liebten und beteten die Natur an und diese segnete sie dafür mit einer Fülle natürlicher Reichtümer. Nur eine solche Haltung vermag die gesamte Gesellschaft zu erheben. Doch liegen jetzt die Dinge anders.

Wissenschaftliche Erfindungen bringen sehr viel Nutzen. Sie sollten jedoch nicht gegen die Natur wirken. Der ununterbrochene Schaden, den die Menschen anrichten, hat die Geduld der Natur erschöpft. Sie fängt schon an zu vergelten. Naturkatastrophen haben deutlich zugenommen. Die Natur hat Ihren tandava, den Tanz der endgültigen Auflösung, begonnen. Das Unrecht, das der Mensch ihr antut, hat sie aus dem Gleichgewicht gebracht. Darin liegt die Hauptursache für alles Leid, das die Menschen dieses Zeitalters zu ertragen haben.

Der Wissenschaftler, der erfindet und experimentiert, mag wohl Liebe im Herzen haben. Aber diese Liebe wird schmal auf sein wissenschaftliches Arbeitsfeld kanalisiert. Sie umfaßt nicht die ganze Schöpfung. Der Wissenschaftler ist mehr oder weniger an sein Labor oder an seine Ausrüstung gebunden. Er denkt nicht an das wahre Leben, sondern ist mehr daran interessiert herauszufinden, ob es auf dem Mond oder auf dem Mars Leben gibt. Er hat mehr Interesse an der Erfindung nuklearer Waffen.

Ein Wissenschaftler mag behaupten, daß er durch Analyse die Wahrheit der empirischen Welt zu finden versucht. Er zerschneidet die Dinge, um herauszufinden, wie sie funktionieren. Gibt man ihm ein Kätzchen, so zieht er es vor, das Tier für seine Forschung zu gebrauchen, anstatt es als Lieblingstier um sich zu haben. Er wird seinen Atem, seinen Puls und seinen Blutdruck messen. Im Namen von Wissenschaft und Wahrheitssuche wird er das Tier sezieren und seine Organe betrachten. Ist das Kätzchen einmal aufgeschnitten, so ist es tot. Das Leben verschwindet und damit jede Möglichkeit der Liebe. Nur wo Leben ist, gibt es Liebe. In seiner Suche nach der Wahrheit des Lebens zerstört der Wissenschaftler unbesonnen das Leben selbst. Seltsam! Ein echter Wissenschaftler sollte ein echter Liebender sein – einer, der die Menschheit, die Schöpfung und das Leben liebt.

Der rishi ist ein echter Liebender, weil er in seinem eigenen Selbst verwurzelt ist, dem wahren Kern von Liebe und Leben. Überall erfährt er Liebe und Leben. Oben, unten, vorne, hinten, in allen Richtungen. Selbst in der Hölle, in der Unterwelt, nimmt er nur Liebe und Leben wahr. In seinen Augen gibt es nichts außer Leben und Liebe, die von allen Richtungen mit aller Pracht und Herrlichkeit leuchten. Daher meint Amma, daß der rishi ein wahrer Wissenschaftler ist. Er experimentiert im inneren Labor des eigenen Wesens. Nie zieht er im Leben Trennungslinien. Für ihn ist das Leben ein Ganzes. Er weilt stets in diesem ungeteilten Zustand der Liebe und des Lebens.

Der einzig wahre Wissenschaftler, der Weise, empfängt das Leben liebevoll und vereinigt sich mit ihm. Nie versucht er, mit dem Leben zu kämpfen. Während der Wissenschaftler sich bemüht, das Leben zu bekämpfen und es zu überwinden, gibt sich der Weise dem Leben hin und läßt sich davon tragen, wohin es will.

Der Mensch hat sich gegen die Natur gewandt und kümmert sich nicht mehr um sie. Er ist mehr daran interessiert, zu forschen und zu experimentieren. Er versucht, alle Schranken zu durchbrechen. Er weiß nicht, daß er auf diese Art den Weg zur eigenen Zerstörung ebnet. Wenn man sich auf den Rücken legt und spuckt, wird die Spucke auf

Amma beantwortet Fragen über Umweltprobleme

das eigene Gesicht zurückfallen. Genauso verhält es sich in seinem Fall.

Die Menschen beuten die Natur nicht nur aus, sie verschmutzen sie auch. Vor Zeiten verwendete man in Indien Kuhmist als Desinfektionsmittel, wenn die Kinder geimpft wurden. Verwendete man heutzutage Kuhmist, so würde sich die Wunde infizieren und das Kind würde sterben,. Die gleiche Substanz, welche die Wunde heilte, würde jetzt Infektion verursachen. So viel Gift ist durch das Gras, das Heu und die Ölkuchen, mit denen wir die Kühe füttern, in den Kuhdung gegangen. Heutzutage gehen viele Leute mit einer Tasche herum. Drinnen sind Tabletten und Lösungen zum Einspritzen. Die Gesundheit hat sich so sehr verschlechtert! Sogar Wohlhabende leiden an vielen Krankheiten. Die traurige Wahrheit ist, daß wir trotz aller Erfahrungen die Lektion nicht lernen.

Jetzt kommt der Regen nicht mehr zur richtigen Jahreszeit. Regnet es doch, so ist es entweder zu wenig oder zuviel. Mit dem Sonnenschein ist es das Gleiche. Heutzutage versuchen die Menschen, die Natur auszubeuten. Daher gibt es Überschwemmungen, Orkane und Erdbeben, die alles zerstören.

Amma beantwortet Fragen über Umweltprobleme

Die Lebensqualität nimmt gewaltig ab. Viele Leute haben den Glauben verloren. Sie empfinden keine Liebe und Barmherzigkeit mehr. Der Gruppengeist, der die Menschen dazu bewog, Hand in Hand für das Wohl von allen zusammen zu arbeiten, ist verlorengegangen. Dies wirkt sich sehr negativ auf die Natur aus. Die Natur wird ihre Segnungen zurücknehmen und sich gegen den Menschen wenden. Unvorstellbar wird die Reaktion der Natur sein, wenn der Mensch so weitermacht.

Es gibt eine Geschichte, die handelt von einem Ehepaar, das Spirituosen verkaufte. Der Mann sagte stets zu seiner Frau: „Bete zu Gott, daß Er uns mehr Kunden gibt." Die Frau gehorchte getreulich den Worten ihres Mannes. Eines Tages bemerkte einer der Kunden, daß sie betete und sagte zu ihr: „Bitte, bete auch für mich, daß ich mehr Arbeit bekommen möge." „Was machst du für eine Arbeit?" fragte die Frau. „Ich mache Särge" sagte der Mann.

Dies ist der gegenwärtige Zustand der Welt. Die Leute kümmern sich jetzt nur um die eigenen Interessen.

Wird der Mensch zu einer Bedrohung für den Weiterbestand des Lebens auf dieser Erde?

Mensch und Natur

Amma: Wohlwollend beschützt die Natur den Menschen und dient ihm, daher fällt zweifellos die Verantwortung dem Menschen zu, der Natur diesen Schutz und diesen Dienst zu erwidern.

Die moderne Wissenschaft sagt, daß Pflanzen und Bäume auf die Gedanken und Taten der Menschen unmerklich antworten können. Die Wissenschaft hat entdeckt, daß Pflanzen vor Angst zittern, wenn wir uns mit dem Vorhaben nähern, ihre Blätter zu pflücken. Doch vor langer, langer Zeit hatten die Weisen und Heiligen Indiens diese Wahrheit erkannt und führten ein Leben der völligen Harmlosigkeit.

Die Geschichte von Sakuntala aus den Schriften des Hinduismus veranschaulicht diesen Punkt:

Ein Weiser fand eines Tages im Wald ein verlassenes Kind. Er brachte es zu seiner Einsiedelei und erzog es, als wäre es sein eigenes. Als das Mädchen älter wurde, vertraute ihr der Weise die Arbeit an, die Pflanzen und Tiere der Einsiedelei zu versorgen. Sie liebte sie wie das eigene Leben. Eines Tages, als der Weise ausgegangen war, sah der König des Landes dieses schöne Mädchen, als er auf der Jagd durch den Wald ritt. Er verliebte sich in sie und wünschte sie zu heiraten.

Als der Weise zurückkehrte, erfuhr er von der Begebenheit und willigte freudig in den Wunsch des Königs ein.

Nach der Ehezeremonie stand Sakuntala im Garten, bereit, die Einsiedelei zu verlassen und in den königlichen Palast zu ziehen. In diesem Augenblick beugte sich der Jasmin, den sie stets geliebt und sorgfältig gepflegt hatte, hinunter und ringelte sich sanft um ihre Knöchel. Die Tiere weinten, als sie ging. Dies zeigt wie Pflanzen, Tiere und die ganze Natur unsere Liebe erwidern, wenn wir wirklich ein Herz für sie haben.

Betrachten wir die Natur, so erkennen wir, wieviel Opfer sie zu unseren Gunsten bringt. Wir können bei jedem beliebig ausgewählten Objekt in der Natur sehen, daß es nichts für sich selbst tut. Alles in der Natur ist zum Wohle des Menschen da. Wie grausam muß das Herz desjenigen sein, der ihr Schaden zufügt, ihr, die dem Menschen selbstlos dient ohne jedes Verlangen nach Belohnung. Geben wir der Natur auch nur ein Millionstel des Opfers zurück, das sie für uns erbringt? Beobachtet die Vorgänge in der Natur - wieviel gute Lektionen haben wir von jedem von ihnen zu lernen! Es genügt, von der Natur zu lernen, damit unsere Leben glücklich werden.

Betrachten wir einen Fluß. Von den Höhen des Himalajas fließt er herunter, wird zu einem Segen für jedermann und mündet in den Ozean. In dieser Art sollte unser Gefühl der Individualität ins Universelle Selbst gelangen. Dazu sollten wir auch den Geist des Flusses in uns aufnehmen. Jedermann kann aus ihm trinken oder in ihm baden. Es kümmert ihn nicht, ob es ein Mann oder eine Frau ist. Unterschiede in Kaste, Religion oder Sprache zieht er nicht in Betracht. Es kümmert ihn nicht, ob jemand krank, gesund oder reich ist. Die Natur des Flusses ist es, alle, die zu ihm kommen zu liebkosen und ihren Schmutz in sich aufzunehmen. Der Fluß bleibt unberührt, wenn er beschimpft oder durch ein Lobgedicht glorifiziert wird. Der eine trinkt, der andere badet, der dritte vollzieht ein Verehrungsritual darin. Der Fluß ist unparteiisch. Wenn dieses bhava (Geisteshaltung, Stimmung) aus den Worten, Blicken und Taten eines Individuums fließt, nennen wir das Barmherzigkeit. Das sollten wir haben.

Es heißt, daß wir zehn Jungbäumchen setzen sollten, wenn wir einen Baum fällen. Was ist damit gesagt? Es ist das gleiche Vorgehen wie Säulen aus Teakholz aus einem Gebäude entfernen und sie durch Streichhölzer ersetzen. Die Reinigung der

Atmosphäre und Kühlung der Umgebung, die ein großer Baum bewirkt, kann nicht einmal von hundert Jungbäumchen gegeben werden.

Wenn nur ein Eßlöffel Chlor einen Kübel Wasser desinfizieren kann, was nützt es da, nur ein Hundertstel der Dosis zu verwenden? Vernichtung der Bäume führt zur Vernichtung der menschlichen Rasse selbst. Viele Tierarten sind in der Vergangenheit schon von der Erdoberfläche verschwunden. Es war für sie unmöglich, in veränderten klimatischen Bedingungen zu leben. Wenn wir heute nicht achtsam sind, werden wir morgen selber ihr Schicksal erleiden. Wir werden nicht fähig sein, uns an ein anderes Klima zu gewöhnen. Die Vernichtung und Auslöschung

von Menschen und anderen Lebewesen wird erfolgen. Die menschliche Selbstsucht hat solche Verhältnisse geschaffen.

Ist es nötig, die menschlichen Bedürfnisse wichtiger zu nehmen als diejenigen der Natur?

Amma: Die Natur schenkt dem Menschen ihren ganzen Reichtum. Genauso wie die Natur uns ergeben hilft, genauso ergeben sollten wir ihr helfen. Nur so bleibt die Harmonie zwischen Mensch und Natur erhalten. Es ist eine Sünde, zehn Blätter zu pflücken, wenn wir nur fünf brauchen. Wenn zwei Kartoffeln für ein Gericht ausreichen, handeln wir ohne Einsicht, wenn wir eine Dritte dazu nehmen. Wir begehen eine unrichtige (gegen das *dharma* verstoßende) Tat. Wenn sie zehn Samenkörner haben, können sie neun davon verzehren, wenn sie wollen. Aber wenigstens eines müssen sie übrig lassen, damit es gesät werden kann. Nichts darf vollständig zerstört werden. Und wenn eine Ernte ihnen hundert Dollar einbringt, sollten mindestens zehn davon einem karitativen Werk gegeben werden. Es ist nicht falsch, die Natur zur Erfüllung unserer Bedürfnisse zu gebrauchen. Aber Plündern ist etwas ganz anderes. Unsere Handlungen werden dadurch ungerecht. Erstens zerstören wir unnötigerweise das Leben der Pflanzen, der Tiere oder was immer es sei, die wir ausbeuten. Zweitens steht es anderen nicht mehr zur Verfügung. Vielleicht hätte jemand anderer es gebraucht, z.B. unser Nachbar, der nichts zu essen hat. So berauben wir auch andere, wenn wir die Natur berauben. Gewiß brauchen wir ein Haus, um uns vor Regen und Sonne zu schützen. Aber wir sollten kein

Haus bauen, um unser Vermögen und unseren prachtvollen Lebensstil zur Schau zu stellen. Es gilt nicht als Unrecht, wenn wir so viele Bäume fällen wie es zum Bauen des Hauses braucht. Eine Tat wird zum Fehler oder zur Sünde, wenn wir sie ohne Einsicht oder ohne Sorgfalt ausführen.

Geld verschwenderisch auszugeben, ohne an Gott, den Großen Geber, zu denken oder an andere, die nicht genügend zum Leben haben, ist ungerechtes Verhalten (adharma).

Welche Maßnahmen können in der Gesellschaft getroffen werden, um die Vernichtung von Natur und Tieren zu verhindern?

Amma: Es ist bestimmt höchste Zeit, ernsthafte Maßnahmen zu ergreifen, die den Menschen daran hindern, die Natur und ihre Schätze und alles, was sie uns liebevoll als Gabe oder Frucht unserer guten Taten schenkt, zu zerstören. Strenge Vorschriften wären gut, doch braucht es dann Menschen, die sie bereitwillig befolgen. Heutzutage sind diejenigen, welche die Gesetze einhalten sollten, die Ersten, die sie brechen. In jedem Dorf sollte eine Gruppe gebildet werden mit dem Ziel, bei den Menschen das Bewußtsein zu erwecken, wie wichtig es ist, die Natur zu schützen und zu erhalten. Ein bloßes intellektuelles Verständnis genügt aber nicht. Die Leute sollten lernen, auf ihr Herz zu hören. Die Lehrer und Ratgeber solcher Gruppen sollten die Fähigkeit besitzen, die Liebe der Menschen zur Natur zu fördern und sie dazu ermutigen, mit der

Amma beantwortet Fragen über Umweltprobleme

ganzen Schöpfung und ihren Kreaturen mitzufühlen. Diese Lehrer und Ratgeber sollten selbst fachkundige und fleißige Leute sein, die andere begeistern können, so daß sie die Lehren in die Praxis umsetzen. Nur dann wird Erfolg kommen. Das Befürworten von Religion und spirituellen Prinzipien wäre von großer Hilfe, um dieses Ziel zu erreichen.

Der giftige Rauch aus den Kaminen der Fabriken verursacht die größte Umweltverschmutzung. Er verhindert ein gesundes Wachstum von Pflanzen und Bäumen. Die Toxine, die in den Fabriken produziert werden, sind auch der Gesundheit des Menschen höchst schädlich. Man sollte die notwendigen Vorkehren treffen, um Bäume und Pflanzen in der Nähe von Fabriken und industriellen Gebieten zu schützen und zu erhalten. Eigentlich sind es diese Pflanzen und Bäume, die in großem Maße die verschmutzte Luft solcher Orte reinigen und läutern. Ohne diese Pflanzen wäre die Lage viel schlimmer. Die Leiter und die Angestellten solcher Betriebe sollten die Initiative zur Erhaltung der natürlichen Umgebung ergreifen. Ohne die aufrichtige und liebevolle Mitwirkung der Bevölkerung kann die Regierung allein nichts bewirken. Damit dies geschehen kann, braucht es wiederum eine Regierende, die im Einklang mit dem Willen und den Wünschen der Naturliebenden arbeitet. Dies wiederum setzt die Unterstützung von entsprechenden politischen Führern und regierenden Persönlichkeiten durch das Volk voraus. Die Machthaber sollten nicht einfach aus einer Gruppe von Menschen bestehen, die nach Geld und Macht strebt. Ihr Ziel sollte die moralisch-geistige Aufrichtung der Bevölkerung sein. Sehr viel kann erreicht werden, wenn sie Persönlichkeiten sind, die aus einer selbstlosen, universellen Sicht heraus entscheiden.

Braucht die Erde unbedingt Wälder?

Amma: Ja, gewiß. Die Wissenschaft muß noch besser verstehen lernen, welch wohltätige Auswirkungen die Wälder auf die Natur haben. Die Wälder sind vom Leben auf diesem Planeten nicht wegzudenken. Sie sind absolut notwendig zur Reinigung der Atmosphäre. Sie verhüten Überhitzung, sie bewahren die Feuchtigkeit des Bodens, sie schützen und erhalten das Wildleben usw.

Es ist nicht falsch, Bäume zu fällen oder Heilkräuter aus den Wäldern zu sammeln, um den Grundbedürfnissen Genüge zu tun. Aber plündert und zerstört die kostbaren Wälder nicht! Die Natur kann sich selber schützen und versorgen. Im Namen des Schutzes und der Erhaltung beuten wir heutzutage die Natur aus. Vögel und Tiere leben glücklich im Wald, der Mensch allein ist ihr größter Feind. Er ahnt nicht, daß er das eigene Grab gräbt, wenn er seine Axt in einen Baum schlägt.

Was haben spirituelle Praktiken (sadhana) und Naturschutz gemeinsam?

Amma: Unsere Schriften sagen: "isavasyam idam sarvam" - alles ist von göttlichem Bewußtsein durchdrungen. Dieses Bewußtsein ist es, welches die Welt mit allen ihren Kreaturen aufrechterhält. Religion lehrt uns, alles zu verehren, indem wir Gott in allem sehen. Keiner von uns würde bewußt dem eigenen Körper Verletzungen zufügen, weil wir wissen, daß es schmerzhaft wäre. Genauso werden wir den Schmerz anderer Menschen als unseren eigenen empfinden, wenn wir die Erkenntnis haben, daß alles von dem einen gleichen Bewußtsein durchdrungen ist. Dann wird Barmherzigkeit in uns entstehen und wir werden aufrichtig wünschen, allen zu helfen und alles zu beschützen. In diesem Zustand werden wir nicht einmal unnötigerweise ein Blatt pflücken wollen. Eine Blume werden wir erst am letzten Tag ihres Lebens pflücken, bevor sie vom Stiel abfällt. Wir werden es als schädlich für Natur und Pflanze betrachten, die Blume aus Habsucht am ersten Tag zu schneiden, an dem sie sich öffnet.

In früheren Zeiten gab es in jedem Haus ein Zimmer für den Familienaltar. Auch wer nur einen Raum in einer Hütte zur Verfügung hatte, stellte ein Bildnis von Gott in eine Ecke und eine Öllampe davor. Um das Haus herum blühten Pflanzen. Der Garten wurde fürsorglich gepflegt. Die Blüten dieser von der Familie mit liebender Sorge gesäten und kultivierten Pflanzen wurden während des Anbetungsrituals Gott dargebracht. Alles was von der Natur, der Urquelle von Blumen und Pflanzen, gegeben wird, sollten wir ihr liebevoll zurückgeben. Dies ist die Symbolik hinter dem Darbringen von Blumen an Gott. Ein solches Ritual hilft auch, unsere Hingabe für Gott zu steigern. Wenn es mit Konzentration durchgeführt wird, trägt es auch zur Reduzierung der Gedanken bei und dies wiederum reinigt und läutert den Geist.

In alten Zeiten gab es im Garten oder in der Nähe jedes Hauses einen Wald oder einen Hain mit einem kleinen Tempel. Im Wald oder Hain wuchsen medizinische Bäume wie der Banyan-, der Bilva- und der Feigenbaum. Tempel und Wald waren der gemeinsame Ort der Anbetung für die ganze Familie. In der Abenddämmerung kam die Familie dort zusammen, um vor brennenden Öllampen die göttlichen Namen zu singen und Gebete darzubringen. Neulich hat die moderne Wissenschaft entdeckt, daß Musik das gesunde Wachstum von Pflanzen und Bäumen fördert. Neben der Seligkeit, welche religiöse Gesänge allen Kreaturen bringen, verschaffen sie unserem Geist Reinheit und Frieden, wenn sie nur mit Liebe gesungen werden. Der Wind, der durch die Blätter der Heilpflanzen weht, kommt auch unserer Gesundheit zugute. Der Rauch, der vom ölgetränkten, brennenden Docht in der Messinglampe aufsteigt - oder auch der Rauch einer reinen Bienenwachskerze - tötet die Keime in der Atmosphäre. Doch mehr als alles andere stellen Gebete, die mit Konzentration gesprochen werden, das verlorene Gleichgewicht der Natur wieder her.

Ein Teil der religiösen Feste spielte sich früher in diesen kavus (Tempel in einem heiligen Wäldchen) ab, wo von den Familien Lobgesänge angestimmt wurden. Konnte niemand in der Familie gut singen, wurden religiöse Sänger bestellt. Lobgesänge, die mit bhakti und jnana überfließen, schaffen spirituelles samskara (Kultur) im Zuhörer ohne daß er es bemerkt. Und die Pflanzenwelt wird damit ernährt. Die Wissenschaft sagt aus, daß Musik das Pflanzenwachstum fördert, und daß der Ertrag bei fruchttragenden Pflanzen steigt, wenn wir sie lieben. Unsere rishis haben das nicht nur vor langer Zeit gesehen und gewußt, sie haben es zu einem Bestandteil des Lebens der Menschen gemacht.

Wenn ein gewöhnlicher Mensch mit einer elektrischen Lampe verglichen werden kann, so ist der wahre sadhak (geistige Sucher) ein Transformator. Indem er seinen Geist still legt und die Energie sammelt, die normalerweise durch übertriebenen Genuß und die Suche nach Sinnenfreuden verloren geht, erweckt der sadhak die unendliche Kraftquelle in sich. Da er keine Zu- oder Abneigungen verspürt, wird selbst sein Atem zum Segen für die Natur. Genau wie das Wasser von einem Filter gereinigt wird, so ist das prana (die Lebenskraft) des tapasvi (Asketen) ein Filter, der die Natur reinigt. Zur Bereitung mancher Arzneimittel gebrauchten ayurvedische Ärzte einen bestimmten natürlichen Stein, um das Öl zu reinigen, das sie mit Heilkräutern aufgekocht hatten. Genauso kann die reine Lebenskraft des tapasvi die Natur läutern, indem sie das Gleichgewicht wieder herstellt, das der Mensch gestört hat.

Betrachten wir die Natur und beobachten wir ihre selbstlose Art zu schenken, so können wir uns unserer Grenzen bewußt werden. Dies hilft, unsere Hingabe und Hinwendung zu Gott zu vertiefen. Natur ist nichts anderes als Gottes sichtbare Form, die wir mit unseren fünf Sinnen wahrnehmen und erfahren können. Indem wir die Natur lieben und für sie sorgen, verehren wir Gott Selbst.

So wie die Natur die günstigen Umstände schafft, damit eine Kokosnuß zur Kokospalme werden kann und ein kleiner Samen zu einem großen Baum, so schafft sie auch die Bedingungen für das individuelle Selbst (jiva), damit es die Höhe des Allerhöchsten Selbst (paramatman) erreichen kann.

Ein echter Wahrheitsucher oder Glaubender kann der Natur nicht schaden, weil er die Natur als Gott Selbst betrachtet. Er erfährt die Natur nicht als von sich getrennt. Er ist der wahre Naturliebende.

Mensch und Natur

Ist es ratsam, sich an geistige Meister zu wenden, ohne zu versuchen, die bestehenden Probleme selbst zu lösen?

Amma: Fachleute können Ihnen helfen, viele der Probleme zu lösen, denen Sie im Berufsleben begegnen. Diese Tatsache läßt sich nicht bestreiten. Doch vermag eigentlich nur Gottes Gnade etwas zu bewirken. Ohne Gottes Gnade kann nichts geschehen. Menschliche Bemühungen entspringen dem Intellekt und können nur bis zu einer bestimmten Grenze wirken. Außerhalb dieser Grenze liegt das Reich der Göttlichen Gnade. Wenn es uns nicht gelingt, eine Verbindung anzuknüpfen zu diesem Reich, das jenseits der menschlichen Fähigkeiten liegt, bleiben unsere Bemühungen erfolglos.

Der beste Weg, diese Verbindung herzustellen besteht darin, einen wahren Meister um Seinen Rat und Seinen Segen zu bitten. Eine solche Große Seele ist die eigentliche Quelle jenes Reichs. Er oder Sie ist die unerschöpfliche Quelle der Kraft, wahre Verkörperung von Gottes Macht und Gnade. Fachleute können helfen, sie können jedoch nicht segnen und Gnade gewähren. Die Hilfe eines Experten mag das gewünschte Ergebnis nicht bringen, das Wort und der Segen eines echten geistigen Meisters gehen jedoch nie fehl.

Schaut nicht zurück und trauert nicht. Geht vorwärts und lächelt. Wir sollten mit uneingeschränktem Glauben und größter Wachsamkeit handeln, aber ohne Anhaftung. So lehren es die spirituellen Meister. Was bringt es, traurig zu sein, wenn die Pflanze, die wir versorgt haben, abstirbt? Ohne über die verlorene Pflanze zu grübeln, pflanzt eine andere. Wenn ein Mensch über der Vergangenheit brütet, wird sein Geist schwach. Auf diese Weise vergeudet er seine ganze Energie.

Der Geist eines Meisters ist nicht wie der unsrige, der nur nach den Freuden der Welt strebt. Er gleicht einem Baum, der Schatten und süßes Obst auch denen spendet, die ihn fällen. Einem Weihrauchstäbchen gleich, das auf Kosten der eigenen Existenz seinen Duft verströmt, verbrennt der Weise zwar sein Leben, indem Er unaufhörlich selbstlos handelt, doch erfüllt ihn dabei unendliches Glück, weil seine Liebe und sein Frieden sich in der ganzen Gesellschaft verbreiten. Nur ein Wesen solchen Formats kann uns, die wir voller Ego und Verhaftungen sind, auf dem Weg des richtigen Handelns führen. Solche Weisen sind nicht für ein Individuum, eine Klasse, einen

Glauben oder eine Sekte bestimmt. Sie sind für die ganze Welt, für die gesamte Menschheit da.